NOTICE

SUR LE MONASTÈRE

DU

VAL-DE-GRACE

PAR M. L'ABBÉ

H. DE BERTRAND DE BEUVRON

Chanoine honoraire d'Orléans, premier aumônier
de l'hôpital militaire du Val-de-Grâce.

PARIS
ÉTIENNE GIRAUD, LIBRAIRE-ÉDITEUR
20, RUE SAINT-SULPICE, 20.

1865

NOTICE

SUR LE MONASTÈRE

DU

VAL-DE-GRACE

PAR M. L'ABBÉ

H. DE BERTRAND DE BEUVRON

Chanoine honoraire d'Orléans, premier aumônier
de l'hôpital militaire du Val-de-Grâce.

PARIS
ÉTIENNE GIRAUD, LIBRAIRE-ÉDITEUR
20, RUE SAINT-SULPICE, 20.

1865

NOTICE SUR LE MONASTÈRE

DU

VAL-DE-GRACE

I

On aime à rechercher les origines d'un monument historique, à évoquer ses souvenirs, à faire revivre un moment par la pensée les personnages célèbres qui ont attaché leurs noms à ses vieux murs.

Aussi avons-nous pensé qu'on ne lirait pas sans intérêt une notice sur cette Abbaye royale du Val-de-Grâce, à laquelle se rattachent de si purs et de si nobles souvenirs.

QUELLE EST L'ORIGINE DU VAL-DE-GRACE ?

Monsieur Baudens, chirurgien en chef, premier professeur au Val-de-Grâce, répondait ainsi à cette question, dans un discours prononcé à la distribution des prix du concours de 1843 :

« Sur cela, rien d'arrêté, rien de précis. Si des documents authentiques nous permettent de remonter le cours des années, jusqu'au treizième siècle, la découverte toute récente d'une crypte, qui vient de se rencontrer sous les ruines d'un pavillon provenant du fief des Valois, aujourd'hui Val-de-Grâce, imprime à nos investigations une puissance rétrospective bien plus grande.

« Cette crypte, chargée d'années, et dont l'aspect reflète si bien l'enfance de l'art, développe une voûte d'une simplicité native. Son périmètre est de seize toises carrées; six colonnes [de] l'ordre dorique, présentant les caractères de la force et de [la] solidité, supportent les arceaux de la voûte, aidées de douze [pi]lastres de granit, qui sont enclavés dans le mur d'enceinte.

« Vainement avons-nous recherché les assises symétrique[ment] disposées par la brique et le ciment romain, dont le palais [des] Thermes de la rue de la Harpe[1] offre un specimen.

« Des moellons octogones, composant exclusivement la vo[ûte] de la crypte du Val-de-Grâce, et que l'on trouve également da[ns] la construction romaine du palais des Thermes, sont les seuls tra[its] qui puissent leur donner un air de famille.

« Ce palais du gouverneur des Gaules, habité par Julien en 3[55,] remonte à une époque bien antérieure à ce général romain. S[on] origine nous est inconnue, elle se perd dans la nuit des tem[ps,] et nous ne prétendons nullement en rendre la crypte du Val-d[e-] Grâce contemporaine.

« Il ne faut pas perdre de vue, toutefois, que le jardin [du] Luxembourg a été occupé par le camp des Romains, et que, n[on] loin de ce camp, a dû être construite une demeure pour le c[hef] des troupes; cette demeure pourrait bien avoir été le berceau [du] Val-de-Grâce.

« Nos inductions sont multiples; elles reposent, d'abord sur [la] découverte toute récente d'une médaille trouvée dans les fondati[ons] à côté de la crypte.

« Cette médaille est frappée à l'effigie d'Adrien; sa conser[va]tion parfaite indique qu'elle a été enfouie peu de temps après [la] naissance de cet empereur, et l'on sait qu'Adrien est né l'an [76] de notre ère.

« De plus, le treizième siècle, appuyé sur des documents i[r]récusables, nous montre le fief des Valois, debout, dans la fo[rce] de l'âge : or, ne peut-on pas penser, sans donner une interpré[ta]tion forcée aux faits historiques, que l'hôtel des Valois, do[nt] l'origine nous est inconnue, n'est autre que cette habitati[on] qui du domaine de Rome sera passée en celui des rois de Fran[ce?]

« J'abandonne le vaste champ des hypothèses, pour entrer da[ns]

[1] Boulevard Sébastopol, rive gauche.

le domaine de l'histoire. Ici, du moins, nous serons soutenus par des faits authentiques.

« Sauval, avocat du parlement, nous apprend que Philippe III, le Hardi, qui régnait en 1270, avait au faubourg Saint-Jacques une maison de plaisance aujourd'hui le Val-de-Grâce.

« Cet historien ajoute qu'il ne sait de qui ce roi de France tenait cet hôtel, et qu'en 1324, son fils Charles de France, comte de Valois, incorpora à ce fief la maison de Jean de Carnis, qui reçut en échange la moitié d'un immeuble situé sur le chemin de Gentilly. »

Plus tard, ce fief des Valois étant passé dans la maison de Bourbon fut nommé hôtel du Petit-Bourbon.

Après la défection et la mort du connétable Charles de Bourbon, Louise de Savoie, mère de François Ier, se fit adjuger l'hôtel avec les autres biens de la succession de ce prince; puis, ayant obtenu du roi, son fils, la permission d'aliéner de cette succession jusqu'à la concurrence de 12,000 livres de rente, elle donna en 1528 le fief du Petit-Bourbon à Jean Chapelain, son médecin ; et ce fut des descendants de ce médecin que la reine Anne d'Autriche le fit acheter pour la somme de 36,000 livres en se portant fondatrice du monastère qu'elle voulait y établir.

Sainte-Foix rapporte, qu'une partie de l'armée de Henri IV étant campée dans le grand Pré aux Clercs, le mercredi 1er novembre 1589, le roi surprit les faubourgs Saint-Jacques et Saint-Germain, et, sur les sept heures du matin, se fit faire dans la salle du Petit-Bourbon un lit de paille fraîche sur lequel il se reposa environ trois heures.

En 1611, le vieux manoir du Petit-Bourbon fut sanctifié par la présence du saint prêtre Pierre de Bérulle qui vint y jeter les fondements de sa congrégation de l'Oratoire.

Ces bons pères, alors dans la ferveur primitive de l'institut, abandonnèrent en 1515 le faubourg Saint-Jacques, pour aller s'établir dans le faubourg Saint-Honoré. Mais l'Église avait pris possession de ce sol consacré par la prière et la sainteté ; il sera, désormais, son patrimoine et l'hôtel du Petit-Bourbon deviendra bientôt le Val-de-Grâce.

A trois lieues de Paris, dans la vallée de Bièvre-le-Châtel existait un ancien monastère de religieuses de Saint-Benoît que la tradition fait remonter jusqu'au neuvième siècle.

Cette abbaye de fondation royale, qui s'appelait Vaux-Profond ou Val-Profond, était tombée dans le relâchement au commencement du seizième siècle. Etienne Poncher, Évêque de Paris, entreprit de la réformer, et, soutenu par la reine Anne de Bretagne, il réussit à ramener les religieuses à la vie régulière.

Des lettres patentes de François Ier, datées de 1515, autorisèrent le monastère du Val-Profond à prendre le nom d'abbaye du Val-de-Grâce de Notre-Dame-de-la-Crèche. Peu de temps après, l'abbaye s'associait à la congrégation réformée de Chesal-Benoît.

Cependant le monastère du Val-de-Grâce, affaissé sous le poids des années, tombait en ruine.

Dès l'année 1573, une forte crue d'eau avait miné les murs de clôture et ouvert plusieurs brèches ; les dégradations augmentaient tous les jours et réclamaient des réparations considérables que le désordre des finances et l'insalubrité du pays ne permettaient pas d'entreprendre.

Ce fut au milieu de ces difficultés presque insolubles que la révérende mère Marguerite de Veiny-d'Arbouze prit le gouvernement du Val-de-Grâce. C'était une âme forte, entreprenante, et d'une confiance en Dieu à toute épreuve.

La bénédiction de la nouvelle abbesse eut lieu le 21 mars 1619 dans l'église des Carmélites du faubourg Saint-Jacques, en présence de la jeune reine Anne d'Autriche.

La reine fut si touchée de la piété de la mère Marguerite, qui fondait en larmes pendant la cérémonie, qu'elle conçut pour elle une affection toute particulière, et voulut la ramener elle-même dans son carrosse au Val-de-Grâce.

A partir de ce jour, la reine était devenue l'amie dévouée de l'abbesse, qui se montra toujours digne d'une telle faveur.

Marguerite d'Arbouze donna ses premiers soins à la réforme spirituelle de son monastère, qu'elle ramena bientôt par sa direction douce et ferme à l'observance primitive de la règle de Saint-Benoît.

La sagesse et la piété de la nouvelle abbesse faisaient l'admiration de la cour, et Louis XIII, voulant donner à la mère d'Arbouze et à sa communauté un témoignage de sa haute satisfaction, renonça par lettres patentes du mois de mars 1621, à son droit de nomination sur ce monastère dont l'abbesse, après la mort ou la démission volontaire de la révérende mère Marguerite, devait être élue tous les trois ans.

En même temps, le roi autorisait la translation des religieuses à l'hôtel du Petit-Bourbon, dont la reine venait de faire l'acquisition.

La translation eut lieu le 20 septembre 1621, sous la conduite de Marie de Luxembourg, duchesse de Mercœur, et de Françoise de Lorraine, sa fille, duchesse de Vendôme.

Denis Leblanc, vicaire général de l'évêque de Paris, bénit le nouveau monastère sous le nom d'abbaye du Val-de-Grâce de Notre-Dame-de-la-Crèche.

C'était une nouvelle fondation du Val-de-Grâce qui venait de s'accomplir.

Le vieil arbre, transplanté dans un sol nouveau, allait puiser une sève plus féconde et donner au jardin de l'Église les fruits les plus exquis. Marguerite d'Arbouze voyait donc ses vœux les plus chers exaucés. La forte discipline établie par ses soins au Val-de-Grâce devait y maintenir une piété sincère, et la munificence royale assurait désormais la prospérité temporelle de cet établissement.

Après une tâche aussi laborieusement remplie, il semblait que l'abbesse allait jouir en paix de l'immense considération que ses vertus et ses mérites lui avaient acquise. Telles étaient les pensées du monde, tels n'étaient pas les sentiments de cette âme généreuse qui avait soif de dévouement et de sacrifice.

Sur sa demande, une bulle du pape Grégoire XV, datée du 16 mars 1623, ayant confirmé les lettres patentes du roi qu reconnaissait l'élection triennale de l'abbesse du Val-de-Grâce, elle se démit volontairement de sa charge qu'elle avait remplie avec tant d'éclat pendant sept années. La mère Louise de Milley fut élue à sa place par le vote unanime de la communauté, en présence des commissaires désignés par l'archevêque de Paris pour assister à l'élection, et la mère d'Arbouze, devenue libre de suivre les attraits de son zèle, employa les dernières années de sa vie à réformer plusieurs monastères de son ordre. Elle mourut le 16 août 1626, au château de Sery près de Dun-le-Roy, lorsqu'elle se rendait de l'abbaye de Charenton qu'elle venait de réformer, au monastère du Mont-de-Piété à la Charité-sur-Loire, dont elle était prieure. Son corps fut apporté au Val-de-Grâce le 22 du même mois, et enterré dans le chœur des religieuses; il a été transféré depuis dans une chapelle, par respect pour sa mémoire, qui est en singulière vénération dans toute la famille bénédictine [1]. « Nous la pouvons appeler bienheureuse, est-il écrit dans le registre mortuaire de l'abbaye, pour les merveilles que Notre-Seigneur opère par son intercession et par les miracles dont il la manifeste. Son corps demeura souple après sa mort comme s'il eût été vivant, ayant le visage vermeil avec une beauté qui témoignait la gloire dont cette divine âme jouissait dans le ciel [2]. »

Cependant les religieuses n'étaient pas logées commodément dans ce vieux manoir féodal; Anne d'Autriche fit élever un bâtiment contigu dont elle posa la première pierre le 1er juillet 1624. Ne semble-t-il pas que cette reine de vingt-deux ans, si belle et si heureuse alors, ait eu un pressentiment des chagrins qui allaient abreuver sa vie! elle voulait sans doute se préparer un refuge, où son cœur, fatigué des intrigues de la cour, viendrait chercher dans la prière, au pied de la croix, le calme et la résignation [3].

Ce fut dans une de ses retraites fréquentes au Val-de-Grâce que la reine, qui depuis plus de vingt ans demandait au ciel un héritier de la couronne de France, fit le vœu d'élever à Dieu un temple magnifique s'il lui accordait un fils.

Ce vœu fut exaucé comme celui de la mère de Samuel, et le

---

[1] *Histoire de Paris*, par D. Félibien et D. Lobineau.

[2] Livre des religieuses défuntes du Val-de-Grâce, conservé aux archives de la ville de Paris. On retrouve dans ces notices une simplicité de style douce et suave qui rappelle les vies des premières mères de la Visitation par la mère de Chaugy.

[3] Anne d'Autriche visitait souvent l'abbaye du Val-de-Grâce. Elle y couchait ordinairement depuis la veille de Noël jusqu'au jour des saints Innocents, à la purification de Notre-Dame, au dimanche des Rameaux, depuis le jeudi saint jusqu'au samedi suivant, à l'Assomption de la sainte Vierge, à la Toussaint et en d'autres occasions. On compte que depuis le commencement de sa régence jusqu'à sa mort, elle y a passé cent quarante-six nuits, et y est entrée cinq cent trente-sept fois.

5 septembre 1638, Anne d'Autriche donnait à la France Louis XIV.

Dès ce moment, la reine ne songea plus qu'au moyen d'accomplir son vœu d'une manière éclatante, en faisant construire au Val-de-Grâce un vaste monastère et une somptueuse église dédiée à la sainte enfance du Sauveur.

La mort du cardinal de Richelieu et quelques mois après celle du roi Louis XIII (1642), ne tardèrent pas à lui donner la liberté et à lui fournir les ressources pour accomplir son pieux dessein.

Devenue régente du royaume et maîtresse des finances, Anne d'Autriche chargea François Mansard du soin de dresser les plans du monastère et de l'église, et le 21 février 1645 les travaux de construction commencèrent; mais lorsqu'on ouvrit la tranchée pour établir les premières assises, on découvrit d'immenses carrières dont il fallut chercher le fond à une grande profondeur, ce qui occasionna de très-grandes dépenses.

Le 1er avril suivant, le jeune roi, Louis XIV, vint poser la première pierre de ce superbe édifice.

Le roi, conduit par la reine-mère, se rendit au Val-de-Grâce avec son frère, Philippe de France, âgé de cinq ans.

Jean François de Gondi, archevêque de Paris, donna la bénédiction pendant que la musique du roi accompagnait le chant des chœurs; puis le roi posa la pierre à l'aide d'une truelle d'argent dont le manche était garni de velours bleu.

Dans cette pierre était incrustée une médaille d'or, de trois pouces et demi de diamètre, sur laquelle est d'un côté le portrait de Louis XIV porté par la reine régente, avec cette inscription autour :

ANNA DEI GRATIA, FRANCORUM
NAVARRÆ REGINA REGENS,
MATER LUDOVICI XIV DEI GRATIA.
FRANCIÆ ET NAVARRÆ REGIS CHRISTIANISSIMI.

Anne, par la grâce de Dieu,
reine régente de France et de Navarre,
mère de Louis XIV par la grâce de Dieu,
roi très-chrétien de France et de Navarre.

Au revers de cette médaille sont représentés, en bas relief, le portail et la façade de l'église avec cette inscription :

OB GRATIAM DIU DESIDERATI REGII ET SECUNDI PARTUS.

Pour la naissance, si longtemps désirée, du roi et de son frère.

Au bas de la médaille est gravée la date mémorable de la naissance de Louis XIV.

QUINTO SEPTEMBRIS 1638.
Quinze septembre 1638.

Les dessins présentés par Mansard avaient été accueillis avec des applaudissements unanimes, qui assuraient la gloire du grand architecte. Néanmoins il ne tarda pas à tomber en disgrâce.

Les constructions ne s'élevaient encore qu'à la hauteur de neuf pieds et avaient coûté des sommes considérables; on craignit de s'engager dans des frais dont il eût été impossible d'entrevoir le terme, en laissant plus longtemps la conduite des travaux à cet homme hardi et inflexible qui ne voyait que la perfection de son œuvre sans calculer les dépenses.

On lui retira donc la direction des travaux pour la donner à Jacques Lemercier, architecte du roi, à qui l'on doit la Sorbonne, Saint-Roch, et le Palais-Royal.

Lemercier conserva les plans de Mansard, en modifiant un seul dessin, celui de la chapelle du Saint-Sacrement, dont il trouvait les dimensions trop petites[1].

Cependant l'orage de la Fronde qui s'amoncelait, depuis 1648, éclata en 1651 sur la tête du premier ministre, et dispersa les finances. Il fallut suspendre les constructions, au moment où elles étaient arrivées à la hauteur de la corniche circulaire qui surmonte les arcs doubleaux du dôme. Une inscription de 1650, placée au-dessous de cette corniche, marque l'interruption des travaux. Voici cette inscription :

ANNA AUSTRIA DEI GRATIA FRANCORUM REGINA
REGNIQUE RECTRIX CUI SUBJICIT DEUS OMNES HOSTES
UT CONDERET DOMUM IN NOMINE SUO. ANNO MDCL.

[1] Mansard, piqué de cette offense, se vengea d'une manière digne et noble à la fois : il engagea Henri du Plessis de Guénégaud, secrétaire d'État, à faire bâtir une chapelle dans son château du Frêne, à sept lieues de Paris, où il exécuta en petit le plan superbe qu'il avait projeté pour le Val-de-Grâce. Ce château devint la propriété du chancelier d'Aguesseau et resta dans sa famille jusqu'à la mort du marquis d'Aguesseau, pair de France, en 1826. Acheté alors aux héritiers par une société de spéculateurs, le château et la chapelle furent démolis, et les matériaux vendus à vil prix.

LE VAL-DE-GRACE.

*Anne d'Autriche, par la grâce de Dieu,
reine de France et régente du royaume :
Dieu a réduit dans son obéissance tous ses ennemis,
afin qu'elle bâtit un temple en son honneur.*
Année 1650.

La guerre de la Fronde à laquelle les femmes imprimèrent la frivolité de leur sexe, eut une heureuse issue pour la royauté, qui sortit victorieuse de sa lutte avec le vieux pouvoir féodal, et le 21 octobre 1652, Anne d'Autriche fit son entrée dans la capitale, accompagnée de Louis XIV, qui venait d'atteindre sa majorité.

Depuis son retour à Paris, la reine, dégagée des soucis de la politique, se consacra aux exercices de piété, et fit reprendre les travaux du Val-de-Grâce au commencement de 1654.

Pierre le Muet obtint la direction générale des travaux : mais on lui adjoignit Gabriel Leduc, qui arrivait de Rome, où il avai fait de bonnes études d'architecture, principalement sur les temples. Sans égaler Mansard, Leduc avait un talent remarquable, ce fut lui qui acheva l'église et les bâtiments adjacents en s'inspirant du souvenir de Saint-Pierre de Rome pour le rétable de l'autel.

Les artistes les plus illustres de ce siècle incomparable furent employés pour l'ornementation de l'église. Mignard, François et Philippe de Champagne, oncle et neveu, pour les peintures à fresque.

Les deux frères François et Michel Anguier, et Philippe Buistier pour les sculptures. Nous parlerons plus tard de leurs chefs-d'œuvre en donnant une description détaillée de ce monument vraiment royal.

Ce ne fut qu'en 1655, que l'on put entreprendre la construction du monastère dont Mansard avait tracé le plan.

Philippe de France, duc d'Anjou, depuis duc d'Orléans, vint le 27 avril en poser la première pierre, sous le pilier de l'encoignure, du côté du jardin des Capucines.

Le cloître présente un vaste parallélogramme entouré de deux galeries voûtées, l'une au rez-de-chaussée, l'autre au premier étage. Aux quatre angles de ce cloître, dont la toiture en ardoise est brisée, selon le style de Mansard, s'élèvent quatre pavillons, qui donnent à l'édifice un aspect sévère et majestueux.

La façade du cloître, située à l'est, regarde un vaste jardin ombragé autrefois d'arbres séculaires, dont la superficie est de quinze à vingt arpents.

La reine, au dire de Lemaire, avait eu le projet de se faire bâtir un logement séparé du monastère; mais considérant que les cloîtres n'étaient pas achevés, elle résolut d'y consacrer l'argent que son logement aurait pu coûter, et se contenta de se réserver un appartement dans le pavillon nord-est du cloître. Cet appartement fut conservé religieusement tel que l'avait occupé Anne d'Autriche, jusqu'à la suppression du couvent par la Révolution française.

En 1665, après vingt années de travaux, l'église et le monastère du Val-de-Grâce furent complétement terminés.

Mais la reine n'avait pas voulu attendre l'achèvement complet de l'église pour y faire célébrer le service divin.

Dès l'année 1662, elle fit orner le chœur et l'avant-chœur des religieuses de riches draperies et dresser un autel dans le chœur.

Le dimanche, 29 janvier 1662, Jean-Baptiste de Conti, doyen du chapitre et vicaire général du cardinal de Retz, archevêque de Paris, bénit le chœur et l'avant-chœur qui devint le chœur provisoire des religieuses, et la tribune qui est au-dessus de l'avant-chœur pour servir à la récitation des matines pendant la nuit.

La reine assista à cette cérémonie avec une joie très-vive et une grande piété; elle choisit le jeudi suivant, 2 février, pour l'inauguration de la nouvelle chapelle où l'on transporta le Saint-Sacrement.

Cette cérémonie à laquelle la présence de la reine-mère et des dames de la cour donna un éclat particulier fut présidée par monseigneur Henri de la Motte Houdancourt, évêque de Rennes et grand aumônier d'Anne d'Autriche.

Les religieuses et les dames de la cour, chacune un cierge à la main, accompagnèrent le Saint-Sacrement de l'ancienne chapelle à la nouvelle. Dans l'après-midi, Sa Majesté assista aux vêpres et au sermon qui fut prononcé par Jean-Louis de Fromentières, alors abbé de Saint-Jean-du-Fard, et depuis évêque d'Aire. L'orateur, disent les mémoires du temps, complimenta la reine avec beaucoup d'à-propos.

Le samedi suivant, 4 février 1662, le grand aumônier de la

reine vint bénir quatre cloches, dont la plus grosse fut nommée Louis-Anne par le roi Louis XIV et par Anne d'Autriche. Elles furent suspendues dans la tour octogone qui précède le chœur des religieuses.

L'année suivante, Anne d'Autriche voulut procurer à sa chère communauté la faveur d'entendre un jeune orateur, dont l'éloquence excitait l'admiration de tout Paris. Nos lecteurs ont déjà nommé Bossuet, qui vint prêcher au Val-de-Grâce le carême de 1663[1].

La reine et les personnages les plus distingués de la cour voulurent entendre cette grande parole, qui rappelait l'éloquence des Pères de l'Église, et l'orateur qui était avant tout un apôtre, choisit des sujets de discours qui répondaient aux besoins spirituels de ce brillant auditoire : la pénitence, — l'amour des grandeurs humaines, — la soumission et le respect dûs à la vérité, — les causes de la haine des hommes contre la vérité, — la nécessité de l'aumône, etc.

Pendant l'été qui suivit le carême de 1663, Anne d'Autriche fit une maladie qui faillit l'enlever à l'amour et à la vénération des Français. Dès qu'elle fut entrée dans sa convalescence, elle alla s'enfermer au Val-de-Grâce, le 11 du mois d'août, pour se préparer à la fête de l'Assomption.

Bossuet vint de nouveau prêcher au monastère à l'occasion de la fête, et adressa ce compliment à la reine : « Que Marie mette bientôt le comble à la joie de toute la France, par le parfait rétablissement de cette reine auguste et pieuse, qui nous honore de son audience, et qu'elle ne prolonge sa vie que pour augmenter ses mérites. » Soret a célébré en vers, dans la *Muse historique* du 18 août, le rétablissement de la reine et le discours de Bossuet.

> Dieu sait quelles saintes douceurs,
> De ce lieu les mères[2] et sœurs,
> En leurs chastes âmes soutirent
> Dès le moment qu'elles la virent[3]
> Dans leur vénérable parvis,

[1] *Vie de Bossuet par le cardinal de Beausset*. Études sur les Sermons de Bossuet, d'après les manuscrits, par l'abbé Victor Vaillant.
[2] Du Val-de-Grâce.
[3] La reine.

> Tous leurs cœurs en furent ravis,
> Et, comme pour cette princesse
> Tout le monde a grande tendresse,
> Le roi, la reine et tour à tour
> Les grands, les grandes de la cour,
> Au lieu susdit l'ont visitée,
> Et de bon cœur complimentée;
> Et monsieur l'abbé Bossuet,
> Qui tant de rares choses sait,
> Et dont l'âme est candide et belle,
> Y prêcha, dit-on, devant elle,
> Avec grande érudition,
> Le saint jour de l'Assomption.
>
> (*Muse historique*, livre XIV; 18 août.)

Enfin le 21 mars 1665, fête de saint Benoît, tous les travaux du monastère et de l'église étant terminés, eut lieu l'inauguration solennelle. Messire Hardouin de Peirefix de Beaumont, archevêque de Paris, célébra la première messe en présence de la reine fondatrice à qui il donna la sainte communion; la seconde messe fut dite par messire François Faure, évêque d'Amiens. La reine régnante Marie-Thérèse d'Autriche, dîna au couvent avec la reine-mère, et vers trois heures, Leurs Majestés, accompagnées de mesdemoiselles Louise d'Orléans et de Montpensier, de la princesse de Conti, de la duchesse de Vendôme, de la comtesse d'Harcourt, de mademoiselle de Guise, de mademoiselle d'Elbeuf, de la comtesse de Wurtemberg, de la duchesse d'Aiguillon et d'un grand nombre d'autres dames de qualité assistèrent aux vêpres qui furent chantées par la musique du roi.

Après les vêpres, messire Guillaume Leboux, évêque de Dax, prononça le premier sermon. Ne pouvant pas complimenter directement la reine qui l'avait prié de s'abstenir de toute parole flatteuse, il prit un détour et dit à ses auditeurs que s'il devait se taire, les pierres et les bas-reliefs du temple parleraient pour lui et transmettraient, beaucoup mieux que ses paroles, la piété et les vertus de la reine fondatrice à la postérité la plus reculée.

A partir de ce jour, le service religieux fut célébré sans interruption dans l'église du Val-de-Grâce. Néanmoins ce monument vraiment royal, ce gracieux édifice que tout le monde regardait comme un chef-d'œuvre d'élégance et de pureté de style, demeura bien des années encore sans recevoir la consécration que l'Église donne à ses temples.

Une inscription gravée sur la pierre au-dessus de la porte de la sacristie nous apprend que : cette église a été consacrée par messire François de Beauveau, évêque de Tournai, le 20 de septembre 1710.

Ce n'était pas assez pour Anne d'Autriche d'avoir fait bâtir un monastère et un temp'e au Seigneur, elle voulut pourvoir à l'entretien de l'église et du couvent en obtenant du roi l'union de la Mense abbatiale des saints Corneille et Cyprien de Compiègne, au Val-de-Grâce.

Les revenus du monastère se trouvèrent considérablement augmentés par cette union.

Mais la reine voulant perpétuer dans sa chère maison du Val-de-Grâce la piété qui la distinguait, ordonna que douze jeunes filles sans fortune et de noble famille seraient élevées gratuitement dans la communauté pour en faire des religieuses soumises à toute la rigueur de la réforme et à la régularité de la vie claustrale.

La ferveur et toutes les vertus monastiques devinrent ainsi un précieux héritage qui se transmit fidèlement au Val-de-Grâce pendant plus d'un siècle.

La mort de la reine-mère arrivée le 20 janvier 1666, plongea la France entière dans le deuil.

Cette femme qui, pendant sa vie, avait été en butte à tant d'accusations injustes, dont l'autorité avait été méconnue et la majesté outragée par les factions qui se disputaient le pouvoir, était l'objet de regrets universels et d'une vénération générale. Son éloge était dans toutes les bouches; les poëtes célébraient ce grand courage que l'adversité n'avait pas pu abattre, et les orateurs sacrés la représentaient comme la femme forte de l'Évangile qui affermit sa maison par sa prudence et son activité laborieuse.

Nulle part la douleur ne fut aussi profonde qu'au Val-de-Grâce. Le monastère, en effet, ne perdait pas seulement une souveraine, c'était une mère qui lui était enlevée. Plusieurs services funèbres y furent célébrés pour le repos de l'âme de la reine en présence des princes et princesses de la famille royale. Monseigneur l'évêque de Dax et l'abbé de Drubec prononcèrent des oraisons funèbres qui émurent profondément l'auditoire. Malgré les jugements sévères de certains écrivains renommés, l'histoire impartiale sera obligée de reconnaître les immenses services rendus à la France par la mère de Louis XIV; et les noms vénérés du cardinal de Bérulle, de saint Vincent de Paul, de Monsieur Olier, tous ses amis et ses conseillers intimes, entoureront à jamais sa mémoire d'une auréole de vertu et de sainteté.

Il serait trop long d'énumérer les précieux ornements et reliquaires que la reine Anne d'Autriche a donnés à ce monastère:

Nous dirons seulement que cette maison possédait jusqu'à trois cents reliques considérables, et que le Grand Soleil d'or, présent de la reine, dans lequel on exposait le Saint-Sacrement aux fêtes solennelles, avait coûté sept années de travail et quinze mille francs de façon.

Il était en or massif émaillé de couleurs de feu et garni de diamants jusqu'aux bords même de la robe de l'ange qui le soutenait.

De tous les ornements dont la reine enrichit l'église, le plus remarquable fut celui qu'elle fit composer avec les habits du sacre de Louis XIV.

Elle envoya également à l'abbaye la chemise et les gants du roi qui, selon l'usage, devaient être jetés au feu après le sacre, afin de ne pas laisser toucher par des mains profanes le saint chrême qui aurait pu s'y attacher.

Parmi les priviléges qu'Anne d'Autriche obtint pour cette communauté, on cite celui de conserver la première chaussure des princes du sang. Mais le plus précieux de tous fut, sans contredit, celui de garder en dépôt le cœur des princes et princesses de la famille royale. Voici à quelle occasion cette faveur fut accordée au Val-de-Grâce.

Le 28 décembre 1662, la reine-mère se trouvait dans le monastère où elle avait passé les fêtes de Noël et avait reçu trois jours de suite la visite du roi, quand Sa Majesté l'envoya prier de retourner le plus vite possible au Louvre où Madame, sa fille aînée, était malade à toute extrémité.

La révérende mère Dufour de Saint-Bernard, alors abbesse, et la révérende mère Marie de Bourges de Saint-Benoît, qui avait été la deuxième abbesse élective, la supplièrent humblement, si Dieu rappelait cette princesse à lui, de vouloir bien faire déposer son cœur au Val-de-Grâce, ajoutant que Saint-Denis étant le lieu de la sépulture du corps des princes et des princesses, elles seraient heureuses et honorées à la fois de posséder les cœurs de la famille royale dans leur monastère.

La reine promit d'appuyer leur demande auprès du roi, et Madame étant venue à mourir, Louis XIV accéda à leur prière.

Depuis ce jour, les cœurs des princes et princesses de la famille royale ont été apportés au Val-de-Grâce. Ils furent d'abord déposés dans la chapelle de sainte Scholastique, qui devait être une chapelle intérieure du couvent.

Mais le 20 janvier 1676, on les transporta, par ordre du roi, dans la chapelle de sainte Anne que l'on fit tendre de drap noir depuis la voûte jusqu'au sol.

Au milieu de la chapelle, sur une estrade de trois degrés environnée d'une balustrade, s'élevait un tombeau couvert d'un poêle de velours noir croisé de moire d'argent, bordé d'hermine et chargé des armes de France écartelées avec celles d'Autriche, en broderies d'or. Il était surmonté d'un lit de parade à pentes de même étoffe.

Dans l'intérieur du tombeau étaient plusieurs petites layettes séparées et fermées à clef.

Ces coffrets étaient garnis les uns de velours noir, les autres de satin blanc. Les cœurs des princes et des princesses étaient embaumés dans un cœur de plomb, contenu lui-même dans un autre cœur de vermeil surmonté d'une couronne de même métal; ils étaient placés dans les coffrets sur des carreaux de velours noir, ou de moire d'argent selon l'âge du prince décédé.

Les noms des princes ou princesses étaient gravés sur le cœur de vermeil.

Tous ces cœurs, aussi bien que le corps de Mademoiselle de Valois, fille aînée de Philippe d'Orléans, duc de Chartres, furent transportés par ordre du roi dans le caveau qui est sous la chapelle de sainte Anne, le 17 janvier 1696, et enfermés dans une armoire en pierre garnie de plaques de marbre blanc.

Celui d'Anne d'Autriche et celui de Philippe de France, duc d'Orléans, son fils, sont les seuls qui restèrent dans le tombeau de la chapelle supérieure.

Ces précieux dépôts furent religieusement conservés dans l'église du Val-de-Grâce jusqu'en 1792.

A cette époque, les mains sacriléges qui avaient profané les tombeaux de Saint-Denis jetèrent au vent la cendre de ces cœurs augustes, et portèrent à l'hôtel des monnaies, pour y être fondus, les cœurs en vermeil qui les recouvraient [1].

Jamais la reine ne quittait la capitale sans aller voir auparavant ses filles chéries du Val-de-Grâce pour en prendre congé : elle était en correspondance suivie avec la mère abbesse et cette correspondance écrite de sa main était gardée précieusement dans les archives du couvent.

Les personnes de marque, désireuses de faire leur cour à la reine mère, ne manquaient pas, en arrivant à Paris, d'aller faire une visite au monastère du Val-de-Grâce. C'est ainsi que le 29 janvier 1660, avant de faire son entrée à Paris, la reine Marie-Thérèse d'Autriche s'était arrêtée au faubourg Saint-Jacques et s'était rendue sans suite au Val-de-Grâce. Marie-Henriette de France, reine d'Angleterre, y avait conduit le roi son fils, le 26 novembre 1651, accompagnée du duc d'York. La princesse d'Orange, fille aînée d'Angleterre, la reine Christine de Suède et Marie de Gonzague y ont été reçues en cérémonie par ordre de la reine. On sait qu'elle y introduisit elle-même, le 9 mars 1659, le duc de Lorraine et don Juan d'Autriche, pour traiter secrètement le mariage de Louis XIV avec l'infante d'Espagne.

Suivant une tradition qui ne repose sur aucun témoignage authentique, madame la duchesse de la Vallière se serait retirée pendant quelques jours au Val-de-Grâce avant d'entrer au Carmel de la rue Saint-Jacques.

On montre encore les deux portes entre lesquelles elle se serait cachée pour échapper aux recherches et aux poursuites de Louis XIV.

---

[1] On conserve encore dans le caveau de la chapelle Sainte-Anne, dédiée maintenant à Saint-Vincent-de-Paul, un cœur dégarni de son enveloppe de vermeil, qui a échappé aux mains des révolutionnaires. On a déposé dans le même caveau le cœur du baron Larrey, médecin en chef des armées de l'empereur Napoléon Ier.

Pourquoi faut-il que parmi les souvenirs si purs et si édifiants qui se rattachent au Val-de-Grâce il y en ait un dont nous voudrions effacer jusqu'au dernier vestige ?

C'est dans l'église du Val-de-Grâce que l'abbé Dubois, dont les talents ne pourront jamais faire oublier les scandales, fut sacré archevêque de Cambrai le dimanche 9 juin 1720.

On peut lire dans les Mémoires du duc de Saint-Simon les détails de cette cérémonie, pour laquelle le régent déploya un grand luxe.

L'évêque consécrateur fut le cardinal de Rohan, évêque de Strasbourg; les évêques assistants furent Monsieur de Tressan, évêque de Nantes, et Massillon, évêque de Clermont.

La faveur dont l'abbaye du Val-de-Grâce jouissait à la cour, et auprès des personnes du rang le plus élevé, pouvait être un écueil pour le développement de la vie religieuse. Anne d'Autriche avait prévu ce danger, et tout en marquant l'édifice extérieur du cachet de la grandeur royale pour laisser à la postérité un monument de sa reconnaissance, elle avait voulu que la pauvreté et l'humilité monastique régnassent à l'intérieur du couvent.

L'inventaire des meubles et immeubles de l'abbaye du Val-de-Grâce, fait le 27 février 1790 par Barthélemy le Coutoulx de la Noraye, lieutenant du maire de la ville de Paris, nous fournit une preuve convaincante de l'austérité qui régnait dans ce monastère.

Il fut constaté que les revenus de la communauté s'élevaient à 79,058 francs et les charges à la somme de 55,222 francs.

Eh bien! on ne trouva dans le réfectoire que de la vaisselle de terre et des cuillers de bois.

Chaque cellule renfermait trois planches, une paillasse, des draps de serge, un oreiller de laine, des couvertures, un prie-Dieu, un crucifix, une chaise, trois images; la cellule de la mère abbesse n'avait pas un mobilier plus élégant.

« Il n'y a pas d'autre argenterie, est-il dit au procès-verbal, que quatre vieilles cuillers si minces qu'elles sont toutes bossuées. Elles ont été données par différentes religieuses et sont absolument nécessaires à l'infirmerie ; une casserolle indispensable à l'apothicairerie pour les remèdes qu'il faut préparer dans l'argenterie, n'est autre que la vieille bassinoire d'Anne d'Autriche. »

Auguste Acheney, avocat au parlement, dressa ce curieux inventaire avec le délégué de la commune comme fondé de pouvoir de la révérende mère de Jarry.

Cette abbesse clôt la liste des supérieures de cette abbaye que la terreur révolutionnaire renversa pour toujours.

L'hospice de la Maternité fut installé au Val-de-Grâce après le départ des religieuses; cet hospice n'y fit pas long séjour, et le 31 juillet 1793 la Convention nationale convertit l'ancien couvent en hôpital militaire par le décret suivant :

« La Convention nationale, ouï son comité d'aliénation, autorise le ministre de la guerre à faire servir la maison nationale du Val-de-Grâce à un hôpital militaire, et charge la régie nationale de faire préalablement constater les lieux, contradictoirement avec les agents du ministère. »

En même temps que l'Assemblée nationale promulguait ce décret, l'église du monastère, dépouillée de ses ornements, était convertie en magasin central des hôpitaux militaires; elle ne fut rendue au culte qu'en l'année 1827.

De là ont été expédiés des milliers de ballots de linge et de charpie destinés à panser les blessés des glorieux champs de bataille de la république et de l'empire.

Aujourd'hui ces voûtes, trop longtemps silencieuses, retentissent de nouveau des accents de la prière ; ce sont les voix mâles et pénétrées de nos soldats convalescents qui montent avec harmonie vers le trône du dieu des armées. Quelle ardeur ! quel enthousiasme dans ces chants ! C'est que le soldat français ne fait rien à demi, il prie aux pieds des autels avec le même entrain qu'il apporte sur le champ de bataille.

II

DESCRIPTION DE L'ÉGLISE

Vue en perspective du haut de la rue du Val-de-Grâce, l'église[1], couronnée de son dôme magnifique, apparaît dans toute sa grâce

---

[1] Consulter le *Dictionnaire historique de la ville de Paris*, par MM. Hurtant

et sa majesté royale; mais, à mesure qu'on se rapproche de l'édifice, le dôme disparaît, le portail de l'église reste seul et l'on regrette amèrement que le projet d'Anne d'Autriche n'ait pas encore été exécuté.

Suivant ce projet, la grille d'entrée devait être précédée d'une place circulaire, entourée d'édifices symétriquement disposés, avec une fontaine d'eau jaillissante au milieu.

Au centre de la grille, dont l'origine remonte à la fondation du Val-de-Grâce, est la porte d'entrée surmontée du chiffre et de l'écusson d'Anne d'Autriche. Cette porte donne accès dans une cour représentant un vaste quadrilatère allongé.

Au fond de cette cour et en face de la porte de la grille s'élève, sur un perron de seize marches, le grand portail de l'église composé de deux frontons superposés. Le premier fronton qui forme le portique est soutenu par huit colonnes corinthiennes accompagnées de deux niches dans lesquelles étaient les statues en marbre blanc de saint Benoît et de sainte Scholastique, sculptées par Michel Anguier.

Un décret de la Convention, dont nous parlerons plus bas, fit enlever ces statues en 1792.

Sur la frise du portique on lit cette inscription en lettres d'or:

JESU NASCENTI VIRGINIQUE MATRI.

A Jésus naissant et à la Vierge Mère.

On a fait observer que les temples ne doivent être dédiés qu'à Dieu et que, pour rendre cette inscription régulière il faudrait la formuler ainsi :

JESU NASCENTI SUB INVOCATIONE VIRGINIS MATRIS.

A Jésus naissant sous l'invocation de la Vierge Mère.

Au dessus de ce portique règne un deuxième étage de colonnes du même ordre, mais de moindres dimensions couronnées également par un fronton.

Dans le tympan de ce fronton étaient sculptées, sur un écusson soutenu par deux anges sortis du ciseau de Michel Anguier, les

et Magny. Consulter aussi Piganiol de la Force, t. VI, quartier Saint-Benoît. L'église du Val-de-Grâce est ouverte tous les jours aux visiteurs, de midi à quatre heures, les dimanches et jours de fête exceptés.

armes de France écartelées d'Autriche, avec une couronne fermée.

Anne d'Autriche, au commencement de sa régence, accorda ses armes, au nom du roi son fils, à cette maison, par lettres patentes datées du mois de mars 1644 [1].

Le dôme est, après le Panthéon et les Invalides, le plus élevé des monuments de Paris. Aussi du haut du campanile qui le surmonte, le visiteur peut contempler le vaste panorama de la capitale se dérouler à ses pieds.

Ce dôme est d'une élégante proportion et s'élance majestueusement au milieu de quatre tourelles d'un style un peu oriental.

Derrière la coupole de l'église s'élève le petit dôme de la chapelle du Saint-Sacrement.

Deux groupes d'anges dans l'attitude de voyageurs qui se hâtent d'arriver au terme, couronnent les deux angles de ce gracieux monument.

Ces sculptures, ainsi que celles qui décorent le grand dôme et les guirlandes attachées avec autant de légèreté que d'élégance au pourtour de la nef, sont de Philippe Buistier.

L'intérieur de l'église étale un luxe de sculpture dont la profusion pourrait fatiguer la vue, si ces ornements n'étaient pas des chefs-d'œuvre.

Les bas-reliefs qui ornent la grande voûte de la nef, dûs aux ciseaux de Michel Anguier, sont composés de six médaillons représentant les têtes de la sainte Vierge, de saint Joseph, de sainte Anne, de saint Joachim, de sainte Elisabeth et de saint Zacharie.

Ces médaillons sont accompagnés de plusieurs figures d'anges chargés de cartels avec des inscriptions et des hiéroglyphes relatifs à ces saints personnages.

Les pilastres de la nef sont séparés l'un de l'autre par trois larges travées donnant accès à six chapelles inachevées, qui devaient être dédiées sous l'invocation de trois rois et trois reines devenus des saints sur le trône.

Ces rois et ces reines sont : saint Canut, roi de Danemarck ;

[1] Cet écusson a été remplacé en 1792 par les symboles de la liberté et de l'égalité. En 1817, ces symboles firent place à un cadran d'horloge.

saint Éric, roi de Suède; saint Louis, roi de France ; sainte Clotilde; sainte Bathilde et sainte Radegonde,

Le sol de l'église est couvert de marbres de couleurs variées représentant sous le dôme une véritable mosaïque avec les chiffres d'Anne d'Autriche et de Louis XIV enlacés au milieu.

Le dôme, soutenu par quatre grands arcs doubleaux, mesure cinquante mètres de circonférence.

A sa base est une frise portant cette inscription en grosses lettres de cuivre doré :

ANNA AUSTRIA DEI GRATIA FRANCORUM
REGINA REGNIQUE BEATRIX CUI SUBJECIT
DEUS OMNES HOSTES UT CONDERET DOMUM
IN NOMINE SUO... ANNO MDCL.

Anne d'Autriche,
par la grâce de Dieu reine de France et régente du royaume :
Dieu a réduit sous son obéissance tous ses ennemis,
afin qu'elle édifiât un temple en son honneur.
Année 1640.

Au-dessus de cette frise et des moulures en saillie de la corniche seize fenêtres répandent des flots de lumière sous la voûte du dôme.

Trois grandes chapelles formant la croix environnent la coupole.

1° Au fond, derrière l'autel, la chapelle dite du Saint-Sacrement ;

2° A droite, le chœur des religieuses;

3° A gauche, vis-à-vis le chœur des religieuses, la chapelle de sainte Anne.

Entre ces chapelles et aux angles du dôme, sont quatre balcons dorés, surmontés de grands médaillons représentant les quatre Évangélistes sculptés par Michel Anguier.

La tradition a conservé le nom d'oratoire d'Anne d'Autriche à la petite chapelle située entre le chœur des religieuses et la chapelle du Saint-Sacrement. Les murailles sont couvertes de peintures à fresques d'un mérite très-douteux.

Ce sont des paysages destinés à rappeler à la reine les lieux qu'elle avait habités dans sa jeunesse. On doit aussi à Michel Anguier les bas-reliefs sculptés sur les arcades des chapelles du dôme et de la nef. Ces sculptures représentent des attributs de la sainte Vierge dont voici la distribution.

A la chapelle de sainte Anne sont représentées la Miséricorde et l'Obéissance ; à la chapelle du Saint-Sacrement, la Pauvreté et la Patience ; à l'ouverture du chœur des religieuses, la Simplicité et l'Innocence.

Dans la nef, l'Humilité et la Virginité, sur la première chapelle à côté des sacristies ;

La Bonté et la Bénignité, sur la chapelle suivante ; la Prudence et la Justice sur la troisième chapelle.

Au côté opposé, la Tempérance et la Force, sur la première chapelle à main gauche en entrant ; la Religion et la Piété sur la suivante ; la Foi et la Charité sur la troisième près du dôme.

La décoration du grand autel a été exécutée d'après les dessins de Gabriel Leduc, qui a voulu représenter, en se conformant au pieux désir de la reine, une étable richement ornée pour relever la pauvreté de celle où le Verbe fait chair a bien voulu naître pour nous.

Six colonnes torses, d'ordre composite et de marbre de Barbançon environnent l'autel, elles supportent un baldaquin formé par six grandes courbes sur lequel est un amortissant de six consoles, terminé par une croix posée sur un globe.

Quatre anges placés sur les entablements des colonnes tiennent des encensoirs ; de gros faisceaux de cannes entourés de festons, de feuilles de palmiers et de grappes de raisin courent en forme de guirlande d'un chapiteau à l'autre.

A chaque faisceau est suspendu un petit ange tenant un cartel où est écrit un verset du *Gloria in excelsis*.

Les anges et le baldaquin sont dorés à l'or bruni, le reste est doré à l'or mat.

Ce retable construit à l'imitation de la confession de Saint-Pierre de Rome est d'un grand effet.

On assure que chaque colonne a coûté plus de dix mille francs.

Sous ce magnifique couronnement on voyait, disposé entre les premières colonnes du retable un autel en marbre blanc dont le parement était un admirable bas-relief en bronze doré représentant une descente de croix. C'était l'œuvre de François Anguier. Sur l'autel était un groupe de marbre blanc cité comme la composition capitale du même auteur.

Ce groupe, qui est un véritable chef-d'œuvre, représente l'Enfant Jésus endormi dans la Crèche, placé entre la Sainte-Vierge et saint Joseph, dont les statues sont de grandeur naturelle[1].

La Crèche était le point central de cet édifice, élevé par la reconnaissance d'une mère. Elle expliquait toute l'ordonnance du retable et les inscriptions du frontispice et du dôme.

C'était, de plus, un grand souvenir historique que tous les gouvernements qui se sont succédés en France auraient dû conserver et respecter, et cependant trois quarts de siècle se seront bientôt écoulés depuis que l'église du Val-de-Grâce a été dépouillée de cet ornement qui faisait sa gloire, sans que l'on se soit occupé sérieusement d'une restitution qui serait un acte de justice.

Espérons que les travaux de restauration extérieure, poursuivis avec autant de zèle que d'intelligence par M. le commandant Darodes, officier supérieur du génie, amèneront une restauration intérieure qui ne sera jamais complète sans la restitution du groupe de la Nativité.

Voici dans quelles circonstances l'église du Val-de-Grâce perdit ce précieux monument.

L'Assemblée Nationale, après avoir décrété que les biens du clergé appartenaient à la chose publique, chargea son comité d'aliénation de veiller à la conservation des objets précieux que contenaient les établissements confisqués.

Le philanthrope la Rochefoucauld, président de ce comité, donna mission à des savants et à des artistes de procéder au choix des monuments. De son côté, la municipalité de Paris, spécialement chargée du décret de l'Assemblée Nationale, adjoignit des hommes spéciaux à ceux qui avaient fixé le choix de la Commission d'aliénation, et l'on créa, avec ces divers éléments, une Commission des monuments qui devait faire enlever tous les objets d'art et les faire transporter dans la maison des Petits-Augustins, aujourd'hui le palais des Beaux-Arts ; la direction de ce travail fut con-

[1] On peut voir dans Piganiol de la Force une ancienne gravure représentant l'autel surmonté du groupe de la Nativité.

fiée au citoyen Lenoir, auquel nous devons la conservation de nos principaux chefs-d'œuvre.

C'est là que l'Assemblée Nationale fit porter le groupe de François Anguier.

Dans le livre publié par Lenoir sur la description des monuments de Paris, on lit ces mots :

« N° 225 du Val-de-Grâce.

« Un groupe en marbre blanc, composé de trois figures représentant la Nativité du Christ, exécuté par Anguier.

« Cet artiste, souvent employé dans les monuments publics, a fait un chef-d'œuvre dans la figure de l'Enfant-Jésus qu'il représente endormi.

« N° 247 du Val-de-Grâce.

« La présentation du Christ au temple; bas-relief en bois, sculpté par Sarrazin.

« Les bronzes provenant du Val-de-Grâce ont été vendus comme inutiles. »

Ce précieux dépôt resta aux Petits-Augustins jusqu'à l'époque de la réouverture des églises.

Alors le clergé fit entendre ses réclamations et les monuments conservés furent rendus aux églises d'où ils avaient été tirés.

Au jour de la restitution, personne n'ayant réclamé le groupe de la Nativité en faveur du Val-de-Grâce, dont l'église ne fut rendue au culte qu'en 1827, la fabrique de Saint-Roch le reçut en dépôt et le fit placer sur un autel derrière le chœur, où il est toujours resté depuis.

On assure que Saint-Roch reçut en même temps les statues de saint Benoît et de sainte Scholastique qui décoraient les niches du portail du Val-de-Grâce.

Derrière le groupe de la Nativité, un riche tabernacle soutenu par douze petites colonnes supportant un demi dôme renfermait le Saint-Sacrement.

L'autel sur lequel reposaient le groupe et le tabernacle était double; un côté faisait face à la nef; l'autre, destiné aux religieuses, regardait la chapelle du Saint-Sacrement, dont nous parlerons plus bas.

LE VAL-DE-GRACE.

La coupe du dôme a été peinte par Pierre Mignard, premier peintre du roi Louis XIV.

C'est le plus grand morceau de peinture à fresque qu'il y ait en Europe.

L'auteur a essayé, avec un rare bonheur d'expression, de représenter une image du ciel; plus de deux cents figures y sont rassemblées dont les plus grandes n'ont pas moins de seize à dix-sept pieds de haut.

Treize mois de travail opiniâtre ont suffi pour terminer cette immense composition, qui est un commentaire ingénieux des passages de l'Apocalypse sur la gloire dont les saints jouissent dans le ciel.

Sur le premier plan, au-dessus du maître-autel, l'Agneau immolé entouré d'Anges adorateurs, et le chandelier à sept branches, attirent les premiers regards.

Plus haut est un ange qui porte le Livre scellé des sept sceaux où sont inscrits les noms des élus; la croix, le mystère et le signe du salut, apparaît dans les airs soutenue par cinq anges.

Sur un trône de nuées apparaissent, au centre de cette composition gigantesque, les trois personnes de la Sainte-Trinité.

Dans le Père se révèlent son éternité, sa puissance infinie et sa majesté.

La main droite est étendue pour bénir, la gauche tient le globe symbolique du monde.

Le Fils, toujours occupé du salut des hommes, présente à son Père les élus dont les têtes sont groupées sans confusion, grâce à une grande entente de la dégradation des teintes et de la perspective.

Le Saint-Esprit, sous la forme d'une colombe, plane au-dessus du Père et du Fils.

Un cercle de lumière les environne et éclaire tout le tableau.

Dans ce cercle lumineux on aperçoit le chœur des anges qui forment la cour du Roi des rois.

Un nombre infini de chérubins entourent la Divinité; les plus rapprochés n'en peuvent supporter l'éclat et se couvrent la face de leurs ailes; d'autres, plus éloignés, forment des concerts dont on doit entendre la douce mélodie.

La Sainte Vierge est à genoux en face de la croix; à sa suite viennent la Madeleine et les autres saintes femmes qui ont assisté à la mort et à la sépulture de Notre-Seigneur.

Saint Jean-Baptiste, sa croix à la main, est placé vis-à-vis en parallèle.

A droite de l'Agneau sont : saint Jérôme et saint Ambroise; à gauche, saint Augustin et le pape saint Grégoire; puis saint Louis et sainte Anne, conduisant la reine Anne d'Autriche, qui dépose aux pieds du roi suprême sa couronne et lui présente le temple qu'elle vient d'élever à sa gloire.

Derrière saint Ambroise et saint Jérôme viennent les Apôtres; les saints que l'Église honore comme confesseurs; les martyrs portant la palme du triomphe; les fondateurs d'ordres religieux; puis Moïse, Aaron, David, Abraham, Josué, Jonas et quelques autres saints de l'Ancien Testament, qui occupent le bas du tableau.

Les anges qui emportent l'arche d'alliance nous apprennent par cette allégorie que l'ancienne loi a fait place à la loi de grâce, et que le sang de l'Agneau peut seul nous ouvrir le ciel.

Les vierges viennent ensuite, parmi lesquelles on distingue sainte Cécile avec son luth; sainte Agnès, caressant un innocent agneau; sainte Claire, portant le Saint-Sacrement; sainte Thérèse, conduite par un séraphin, et sainte Scholastique, la mère de la famille bénédictine.

Quelques parties de cette magnifique composition ont souffert de l'infiltration des eaux à travers la toiture; d'autres ont perdu leur coloris, parce que le peintre aurait, au dire de l'historien Germain Brice, retouché au pastel quelques parties de détail.

Au moment où cette œuvre magistrale fut exposée aux regards du public, un concert de louanges sortit de toutes les bouches; les éloges en vers et en prose furent prodigués à l'auteur, et Molière composa un poëme pour célébrer le chef-d'œuvre de Mignard, dont il était l'ami. Ce poëme, il faut l'avouer, manque complétement d'enthousiasme, il ne se distingue que par le choix des expressions et le tour ingénieux des périphrases; quelques vers pourront donner une idée du style de la pièce :

> Dis-nous, fameux Mignard, par qui se sont versées
> Les charmantes beautés de tes nobles pensées.

Et dans quel fond tu prends cette variété
Dont l'esprit est surpris et l'œil est enchanté.
Dis-nous quel feu divin, dans tes fécondes veilles,
De tes expressions enfante les merveilles ;
Quel charme ton pinceau répand dans tous ses traits ;
Quelle force il y mêle à ses doux plus attraits,
Et quel est ce pouvoir qu'au bout des doigts tu portes
Qui sait faire à mes yeux vivre des choses mortes ;
Et, d'un peu de mélange et de bruns et de clairs,
Rendre esprit la couleur et les pierres des chairs.

Toutes les inscriptions que l'on rencontre dans l'église du Val-de-Grâce, sont de la composition ou du choix de Quinet, alors intendant des inscriptions des édifices royaux.

Nous avons dit que trois grandes chapelles venaient se réunir par une large ouverture à la coupole de l'église. Ces trois chapelles forment autour du dôme comme la tête et les deux bras d'une croix ; leur ouverture est fermée par trois grilles dont les deux du transseps sont d'un travail très-achevé.

La chapelle du Saint-Sacrement, située derrière le maître-autel est ainsi appelée parce que c'était dans cette chapelle que les religieuses venaient recevoir la sainte communion par une ouverture pratiquée dans la grille et adorer la sainte Eucharistie.

On doit au pinceau de Philippe de Champagne les peintures qui décorent le petit campanille du dôme.

C'est le même artiste, aidé de Jean-Baptiste de Champagne, son neveu, qui a exécuté la fresque de l'hémicycle, où l'on voit le Christ présentant la sainte hostie à l'adoration des anges qui l'entourent.

La figure du Christ respire la douceur et la majesté ; celle des anges l'étonnement, l'admiration et l'amour.

On lit dans le regard et le geste du Sauveur, dirigés sur l'hostie rayonnante, l'expression de ces paroles sacramentelles : *Ceci est mon corps.*

Les ornements de sculpture sont jetés avec luxe et profusion dans cette chapelle: les pilastres sont couronnés d'un riche entablement, au dessus duquel on voit quatre bas-reliefs fort remarquables de Michel Anguier, représentant les quatre principaux docteurs de l'Église.

Cette charmante chapelle, après avoir servi pendant de longues années à des usages profanes, est devenue l'oratoire des filles de saint Vincent de Paul, appelées, le 16 mai 1855, à soigner les soldats malades de l'hôpital. Etrange et merveilleux rapprochement !

Les filles de saint Benoît continuaient la vie contemplative de Marie *accoutumée aux pieds du Sauveur;* les filles de saint Vincent perpétuent en ce même lieu la vie active de Marthe et prodiguent aux membres souffrants du Christ les soins les plus tendres et les plus délicats.

Ainsi les deux rameaux de la Charité sont venus se réunir pour former la couronne de la virginité des deux sœurs !

Le chœur des religieuses, devenu la chapelle de saint Maurice, avait une étendue plus que double avant qu'il fut coupé par une cloison pour former une salle de malades.

Les religieuses s'y tenaient pour chanter leur office ; les jours de fête les chants étaient accompagnés par un jeu d'orgue placé dans le chœur.

En face était la chapelle Sainte-Anne, aujourd'hui dédiée à saint Vincent de Paul.

La voûte, tapissée d'hiéroglyphes, offre, dans un médaillon central représentant la figure de sainte Anne supportée par un ange, un bas-relief d'une grande beauté.

C'est au-dessous de cette chapelle que se trouve le caveau destiné à recevoir les cœurs des princes de la famille royale. Un escalier fermé par une trappe y donne accès.

Je n'ai fait que donner dans cette courte notice, un aperçu des beautés artistiques de cette église que j'appellerai le plus brillant joyau du dix-septième siècle. J'aurai atteint le but que je me suis proposé, si j'ai pu attirer aux pieds de cet autel maintenant solitaire, quelques pieux visiteurs qui viennent prier pour le bonheur et la prospérité de la France, dont Anne d'Autriche a été une des plus grandes reines et un des plus nobles cœurs.

LE VAL-DE-GRACE.

NOMS DES PRINCES ET PRINCESSES

DE LA FAMILLE ROYALE

DONT LES CŒURS ONT ÉTÉ APPORTÉS DANS L'ÉGLISE DU VAL-DE-GRACE

Depuis l'année 1662 jusqu'à l'année 1790.

1. — Anne-Élisabeth de France, fille aînée de Louis XIV, roi de France et de Navarre, et de la reine Marie-Thérèse d'Autriche, son épouse; décédée le 30 décembre 1662, âgée de quarante-trois jours.
Son cœur fut apporté le 31 par Anne d'Autriche, son aïeule, fondatrice de cette maison.

2. — Anne-Marie de France, fille de Louis XIV et de Marie-Thérèse, son épouse, décédée le 26 décembre 1664, âgée de 41 jours; son cœur fut apporté le 28 par madame la maréchale de La Mothe-Houdancourt, gouvernante des enfants de France.

3. — Mademoiselle d'Orléans, seconde fille de Philippe de France, frère unique du roi, duc d'Orléans, et de Henriette d'Angleterre; née le 9 juin 1665 et décédée le même jour.
Son cœur fut apporté le 24 du même mois par messire Henri de La Mothe-Houdancourt, archevêque d'Auch, grand-aumônier de la reine Anne d'Autriche.

4. — Anne d'Autriche, reine de France et de Navarre, épouse de Louis XIII, mère de Louis XIV, fondatrice de cette maison; décédée le 20 janvier 1666, âgée de soixante-quatre ans et quatre mois. Son cœur fut apporté le 22 par messire Henri de La Mothe-Houdancourt, archevêque d'Auch, grand-aumônier de cette princesse, accompagné des filles de France, et des princesses du sang.

5. — Philippe-Charles d'Orléans, duc de Valois, fils aîné de Philippe de France, frère unique du roi, duc d'Orléans, et de Henriette d'Angleterre, son épouse; décédé le 8 décembre 1666, âgé de deux ans, quatre mois et vingt jours. Le lendemain, son cœur fut apporté par messire Daniel de Conac de Valence, premier aumônier de S. A. R. Monsieur; le comte de Saint-Paul fit les honneurs du deuil.

6. — Henriette-Anne d'Angleterre, épouse de Philippe de France, frère unique du roi, duc d'Orléans; décédée le 30 juin 1670, âgée de vingt-six ans.
Le 2 juillet suivant, son cœur fut apporté par M. l'abbé de Montaigu, son premier aumônier. La princesse de Condé fit les honneurs du deuil.

7. — Philippe, duc d'Anjou, fils de Louis XIV et de Marie-Thérèse, son épouse; décédé le 2 juillet 1671, âgé de trois ans, trois mois et vingt-cinq jours. Le lendemain, son cœur fut apporté par messire Pierre du Cambout de Coislin, évêque d'Orléans, premier aumônier du roi; le duc d'Enghien fit les honneurs du deuil.

8. — Marie-Thérèse de France, fille de Louis XIV et de Marie-Thé-

rèse d'Autriche, son épouse; décédée le 1er mars 1672, âgée de cinq ans et deux mois.

Le 3 du même mois, son cœur fut apporté par M. le cardinal de Bouillon, grand-aumônier de France; madame la duchesse de Guise fit les honneurs du deuil.

9. — Louis-François, duc d'Anjou, fils de France, décédé le 4 novembre 1672, âgé de quatre mois et vingt-deux jours; son cœur fut apporté le 7 par messire Louis-Marie-Armand de Simianes de Gorden, évêque, duc de Langres, premier aumônier de la reine.

Le prince de La Roche-sur-Yon, accompagné du duc d'Aumont, fit les honneurs du deuil.

10. — Alexandre d'Orléans, duc de Valois, fils de Philippe de France, frère unique du roi Louis XIV, et d'Élisabeth-Charlotte, palatine, sa seconde femme, décédé le 16 mars 1676, âgé de deux ans et dix mois; son cœur fut apporté le 18 par messire Louis de Lavergne Montenard de Tressan, évêque du Mans, premier aumônier de Monsieur. Le duc d'Elbeuf fit les honneurs du deuil.

11. — Marie-Thérèse, infante d'Espagne, reine de France et de Navarre, épouse de Louis XIV, décédée le 30 juillet 1683, âgée de quarante-quatre ans et dix mois.

Le 3 août suivant, son cœur fut apporté par M. le cardinal de Bouillon, grand-aumônier de France, accompagné des princesses du sang.

12. — Marie-Anne-Christine-Victoire de Bavière, épouse de Louis, dauphin de Srance, décédée le 20 avril 1690, âgée de vingt-neuf ans et cinq mois. Le 26 son cœur fut apporté par messire Jacques-Bénigne Bossuet, évêque de Meaux, son premier aumônier; madame la duchesse de Guise, et les deux princesses de Conti, firent les honneurs du deuil.

13. — Anne-Marie-Louise d'Orléans, fille de Gaston, duc d'Orléans, décédée le 5 avril 1693, âgée de soixante-six ans. Le 11, son cœur fut apporté par M. l'abbé de la Combe, son premier aumônier.

Mademoiselle, fille de Monsieur, frère unique du roi, accompagnée de madame la princesse de Turenne et de madame la duchesse de Ventadour, fit les honneurs du deuil.

14. — Mademoiselle de Valois, fille aînée de Philippe d'Orléans, duc de Chartres et de Marie-Anne de Bourbon; décédée le 16 octobre 1694, âgée de dix mois. Le 19, son corps fut apporté dans cette abbaye et présenté par messire Hardouin Roussel de Médavy, premier aumônier de Monsieur, frère unique du roi. Madame la princesse d'Elbeuf, accompagnée de madame la comtesse de Maré, gouvernante des enfants de S. A. R., fit les honneurs du deuil[1].

15. — Philippe de France, duc d'Orléans, frère unique du roi Louis XIV, décédé le 9 juin 1701, âgé de soixante et un ans. Le 13, son cœur fut apporté par M. l'abbé de *Grancé*, son premier aumônier; M. le duc de Bourbon et M. le duc de la Trémouille firent les honneurs du deuil.

16. — Monseigneur le duc de Bretagne, fils aîné de Louis de France,

[1] L'abbaye du Val-de-Grâce devint le lieu de sépulture des princes de la famille d'Orléans, qui n'avaient plus droit à la sépulture royale de Saint-Denis.

duc de Bourgogne, et de Marie-Adélaïde de Savoie, décédé le 14 avril 1705, âgé de neuf mois et demi. Le 16, son cœur fut apporté par M. le cardinal de Coislin, évêque d'Orléans, grand-aumônier de France ; M. le duc de Bourbon, M. le duc de Tresme et madame la duchesse de Ventadour. firent les honneurs du deuil.

17 et 18. — Marie-Adélaïde de Savoie, épouse de Louis, dauphin, décédée le 12 février 1712, âgée de vingt-six ans, deux mois, six jours.

Louis, dauphin, fils de Louis, dauphin, et de Marie-Anne-Christine-Victoire de Bavière, décédé le 18 février 1712, âgé de vingt-neuf ans et six mois.

Le 19, leurs cœurs furent apportés ensemble par messire Jean-François Chamillard, évêque de Senlis, premier aumônier de madame la dauphine; madame la princesse et M. le duc du Maine firent les honneurs du deuil.

19. — Louis. dauphin, fils de Louis, dauphin, et de Marie-Adélaïde de Savoie, décédé le 8 mars 1712, âgé de cinq ans et deux mois. Son cœur fut apporté par messire Charles du Cambout de Coislin, évêque de Metz et premier aumônier du roi.

M. le duc de Mortemart et madame la duchesse de Ventadour firent les honneurs du deuil.

20. — Charles, duc d'Alençon, fils de Charles, duc de Berry, et de Marie-Louise-Elisabeth d'Orléans, duchesse de Berry; décédé le 16 avril 1715, âgé de vingt et un jours. Le 17, son cœur fut apporté par messire Dominique-Barnabé Turgot, évêque de Séez et premier aumônier du duc de Berry. Madame la marquise de Pompadour et M. le duc de Saint-Agnan firent les honneurs du deuil.

21. — Charles de France, duc de Berry, fils de Louis, dauphin, et de Marie-Anne-Christine-Victoire de Bavière, décédé le 4 mai 1714, âgé de vingt-sept ans, huit mois et quatre jours. Le 10, son cœur fut apporté par messire Dominique-Barnabé Turgot, évêque de Séez, premier aumônier de ce prince. M. le comte de Charolais et M. le duc de Sully firent les honneurs du deuil.

22. — Marie-Louise-Élisabeth, fille de Charles de France, duc de Berry, et de Marie-Louise-Élisabeth d'Orléans, duchesse de Berry; née le 16 juin 1714, et décédée le lendemain. Le 18, son cœur fut apporté par messire Dominique-Barnabé Turgot, évêque de Séez. Madame la duchesse de Saint-Simon et madame la marquise de Pompadour firent les honneurs du deuil.

23. — Louise-Élisabeth d'Orléans, duchesse de Berry, née le 20 août 1695, et morte au château de La Muette le 21 juillet 1719. Le 23, son cœur fut apporté par Armand-Pierre de La Croix de Castries, son premier aumônier, nommé à l'archevêché de Tours. Mademoiselle de La Roche-sur-Yon fit les honneurs du deuil.

Germain Brice mentionne ici la translation du cœur d'Élisabeth-Charlotte, palatine de Bavière, veuve de Philippe de France, duc d'Orléans, morte à Saint-Cloud le 8 décembre 1722.

C'est une erreur, le corps de cette princesse ne fut point ouvert, pour

---

[1] Louis XIV mourut le 1er septembre 1715; son cœur fut porté au collège de la Flèche, qui avait le privilége de conserver, depuis Henri IV, le cœur des rois de France.

se conformer à ses dernières volontés; il fut porté tout entier à Saint-Denis.

24. — PHILIPPE, duc d'Orléans, fils de Philippe de France, duc d'Orléans, frère unique du roi Louis XIV et d'Élisabeth-Charlotte de Bavière, mort au château de Versailles, le 2 décembre 1723. Son cœur fut apporté du château de Saint-Cloud à l'abbaye du Val-de-Grâce, le 9 de ce même mois, par Louis de La Vergne de Tressan, évêque de Nantes, nommé à l'archevêché de Rouen, premier aumônier de ce prince.

Le comte de Clermont, prince du sang, fit les honneurs du deuil; il était accompagné par le duc de Montmorency, depuis nommé duc de Luxembourg.

25. — AUGUSTE-MARIE-JEANNE, de Bade-Baden, duchesse d'Orléans, morte à Paris, le 8 août 1726, âgée de vingt et un ans, huit mois et vingt-huit jours. Son corps et son cœur furent portés au Val-de-Grâce le 16 du même mois et présentés à l'abbesse par Louis de La Vergne de Tressan, archevêque de Rouen. Mademoiselle de Beaujolais, belle-sœur de la défunte, fit les honneurs du deuil. Elle était accompagnée de la princesse de Pons.

26. — LOUISE-MADELEINE d'Orléans, morte à Saint-Cloud, le 14 mai 1728, âgée de vingt et un mois, neuf jours. Son corps fut porté au Val-de-Grâce et présenté à l'abbesse par l'abbé Honel, aumônier de S. A. R. monseigneur le duc d'Orléans. La marquise de Pons et madame de Barnaval, sous-gouvernante de la princesse défunte, firent les honneurs du deuil.

27. — LOUISE-MARIE de France, troisième fille du roi, morte à Versailles, le 19 février 1733, âgée de quatre ans, six mois et vingt et un jours. Le 23 du même mois, son corps fut porté à l'abbaye royale de Saint-Denis et son cœur à l'abbaye du Val-de-Grâce, où il fut présenté à l'abbesse par le cardinal de Rohan, grand aumônier de France. La princesse de Conti fit les honneurs du deuil, accompagnée de la duchesse de Tallard.

28. — Monseigneur le duc d'ANJOU, fils du roi, mort à Versailles, le 7 avril 1733, âgé de deux ans, 7 mois et huit jours. Son corps fut porté à Saint-Denis et son cœur au Val-de-Grâce, où il fut présenté à l'abbesse par l'abbé de Bellefond, aumônier du roi en quartier. Le duc d'Orléans, accompagné du duc de Brissac, fit les honneurs du deuil.

29. — PHILIPPINE-ÉLISABETH d'Orléans, connue sous le nom de mademoiselle de Beaujolais, morte de la petite-vérole à Bagnolet, près Paris, le 21 mai 1734. La maladie dont cette princesse était morte n'ayant pas permis de lui rendre les honneurs funèbres qu'on rend aux personnes de son rang, son corps fut porté, la nuit du 21 au 22, sans aucune cérémonie, dans l'église de cette abbaye et présenté à l'abbesse par l'abbé Ragon, chapelain de S. A. R. madame la duchesse d'Orléans et déposé dans le caveau de la chapelle Sainte-Anne

30. — LOUISE-DIANE d'Orléans, princesse de Conti, morte à Issy le 26 septembre 1736. Son cœur fut porté au Val-de-Grâce le 30 du même mois et mis dans le caveau par l'aumônier de la communauté.

31. — MARIE-THÉRÈSE-ANTOINETTE-RAPHAELLE, fille de Philippe V, roi d'Espagne, et d'Élisabeth Farnèse, première femme de Louis, dauphin de

France, morte à Versailles, le 22 juillet 1746. Le 6 août suivant, son cœur fut apporté au Val-de-Grâce et présenté à l'abbesse par messire Royer, ancien évêque de Mirepoix. La duchesse de Chartres, la princesse de Conti, douairière, mademoiselle de Sens, accompagnées des dames et officiers de madame la dauphine, assistèrent à cette cérémonie.

32. — MARIE-THÉRÈSE de France, fille de monseigneur le dauphin et de Marie-Thérèse, infante d'Espagne, morte le 27 avril 1748. Son cœur fut porté, le 30, au Val-de-Grâce et présenté à l'abbesse par le prince Constantin, premier aumônier du roi. La duchesse de Chartres, accompagnée de la princesse de Montauban et de la duchesse de Tallard, fit les honneurs du deuil.

33. — LOUIS, duc d'Orléans, premier prince du sang, mort à Paris, le 4 février 1752, dans l'abbaye de Sainte-Geneviève, où, depuis longtemps, il vivait dans la retraite et dans les exercices de la pénitence la plus austère. Son corps fut porté, le 8 du même mois, à l'abbaye du Val-de-Grâce et présenté par l'abbé de Sainte-Geneviève.

34. — ANNE-HENRIETTE de France, fille aînée du roi, morte à Versailles, le 10 février 1752. Le 17, son cœur fut apporté en grand cortège au Val-de-Grâce, où il fut présenté à l'abbesse par l'évêque de Meaux, premier aumônier de la princesse. Le deuil était conduit par madame la duchesse d'Orléans, accompagnée de mesdames les duchesses de Beauvilliers et de Luxembourg.

35. — XAVIER-MARIE-JOSEPH de France, duc d'Aquitaine, fils de Louis, dauphin, mort à Versailles, le 22 février 1754. Le 25 le corps fut porté à Saint-Denis, dans le plus grand cortège et présenté au prieur de l'abbaye par M. le cardinal de Soubise, grand aumônier de France; le cœur fut ensuite porté et présenté, avec les mêmes cérémonies, à l'abbaye Royale du Val-de-Grâce.

36. — MARIE-ZÉPHIRINE de France, sœur du duc d'Aquitaine, morte le 1er septembre 1755, âgée de cinq ans. Le 5, le corps fut porté en grand cortège à l'abbaye de Saint-Denis et présenté au prieur par l'abbé de la Châtaigneraie, aumônier du roi; le même cortège accompagna le transport du cœur au Val-de-Grâce.

37. — LOUISE-HENRIETTE de Bourbon-Conti, duchesse d'Orléans, morte le 9 février 1759. Le corps fut porté au Val-de-Grâce et présenté à l'abbesse par l'évêque de Valence.

38. — CHARLOTTE-AGLAÉ d'Orléans, duchesse de Modène, morte le 19 janvier 1761. Le 23, son corps fut porté sans pompe au Val-de-Grâce, comme elle l'avait ordonné par son testament; il fut présenté à l'abbesse par l'évêque de Valence.

39. — LOUIS, duc de Bourgogne, mort le 22 mars 1761, âgé de neuf ans et demi. Le 30, son cœur fut porté au Val-de-Grâce en grand cortège, et présenté à l'abbesse par l'évêque d'Autun, premier aumônier du roi [1].

---

[1] Le corps de Louis, dauphin, fils du roi Louis XV, décédé à Fontainebleau le 20 décembre 1765, et celui de Marie-Josèphe de Saxe, seconde femme de Louis, dauphin, décédé le 13 mars 1767, ayant été inhumés dans l'église cathédrale de Sens; leurs cœurs furent portés dans l'église abbatiale de Saint-Denis.
Le cœur de la reine Marie Leczinska, décédée le 24 juin 1768, fut porté,

40. — Mademoiselle d'Orléans, fille aînée du duc de Chartres, décédée à Paris, le 6 février 1782. Son corps fut transporté au Val-de-Grâce, le 8 février suivant.

41. — Sophie-Philippine-Élisabeth-Justine de France, fille du roi Louis XV et de la reine Marie Leczinska, décédée à Versailles, le 3 mars 1782. Son cœur fut apporté au Val-de-Grâce quelques jours après sa mort.

42. — Mademoiselle*, fille de monseigneur le comte d'Artois, décédée à Versailles, le 5 décembre 1783, âgée de sept ans et trois mois. Son cœur fut apporté au Val-de-Grâce, le 8 du même mois.

43. — Louis-Philippe, duc d'Orléans, décédé à Saint-Assise, le 18 novembre 1785. Son corps fut apporté au Val-de-Grâce quelques jours après.

44. — Marie-Sophie-Hélène-Béatrix de France, fille du roi Louis XVI, décédée à Versailles, le 19 juin 1787, âgée de onze mois et dix jours. Son cœur fut porté le lendemain au Val-de-Grâce [1].

45. — Louis-Joseph-Xavier François de France, dauphin, décédé au château de Meudon, le 4 juin 1789, âgé de sept ans, sept mois et douze jours. Son cœur fut porté, le 12 du même mois, à l'abbaye royale du Val-de-Grâce et présenté à l'abbesse par le cardinal de Montmorency, grand aumônier de France.

Des personnages de la plus haute distinction sollicitèrent la faveur d'être inhumés dans le cloître du monastère.

On pouvait lire, à côté du nom d'une humble fille de Saint-Benoît, l'épitaphe d'une grande princesse qui avait voulu reposer dans ce saint lieu afin d'entrer en participation des prières de la communauté.

Nous citerons la princesse Bénédicte de Bavière, duchesse de Brunswick.

Marie de Luxembourg, duchesse de Mercœur, morte en 1623, dont les entrailles étaient conservées dans le cloître à côté de la salle capitulaire

---

selon son vœu, dans l'église de Notre-Dame-de-Bon-Secours, près Nancy. — Louis XV étant mort de la petite vérole le 10 mai 1774, son corps fut conduit tout entier et sans honneurs à Saint-Denis.

[1] Madame Louise de France, religieuse carmélite au couvent de Saint-Denis, mourut le 23 décembre 1787, dans la cinquante et unième année de son âge, et fut enterrée dans son couvent comme une simple religieuse; son cœur ne fut point porté au Val-de-Grâce.

FIN.

A LA MÊME LIBRAIRIE

LA CHALEUR

CONSIDÉRÉE COMME UN MODE DE MOUVEMENT

COURS EN DOUZE LEÇONS, PROFESSÉES A L'INSTITUTION ROYALE DE LA GRANDE BRETAGNE

PAR JOHN TYNDALL

de la Société royale de Londres, professeur de physique à Royal-Institution

OUVRAGE TRADUIT DE L'ANGLAIS

PAR M. L'ABBÉ F. M. MOIGNO

Fondateur et Directeur des *Mondes*

Un fort vol. in-18 jésus, avec de nombreuses gravures. 6 fr.

CONFÉRENCES AGRICOLES

FAITES AU CHAMP D'EXPÉRIENCES DE VINCENNES

DANS LA SAISON DE 1864

PAR M. GEORGES VILLE

Professeur au Muséum d'histoire naturelle

Un volume grand in-8 jésus . . . . 6 fr.

PARIS. — IMP. SIMON RAÇON ET COMP., RUE D'ERFURTH, 1.

www.ingramcontent.com/pod-product-compliance
Lightning Source LLC
LaVergne TN
LVHW021712080426
835510LV00011B/1745